mit freundlicher Unterstützung des
Internationalen Künstlerhauses Villa Concordia

Internationales
Künstlerhaus
Villa Concordia
Bamberg

Rohrbacher Straße 18

D-69115 Heidelberg

www.wunderhorn.de

Gestaltung & Satz: Leonard Keidel

Druck: NINO Druck GmbH, Neustadt/Weinstraße

ISBN: 978-3-88423-583-6

Jan Koneffke

Als sei es dein

Gedichte

Wunderhorn

I

Heimatkunde

Als ich ein Kind bin

Als ich ein Kind bin wohnt der Kohlenklau
im Kellerloch es heißt vom schwarzen Mann
er spreche heimlich kleine Jungens an
und schleppe sie in seinen Marderbau

bei Schlangen und Brennnesseln lustvolles Grauen
vor der Bestrafung die wir uns verdienen
mit Onkeldoktorspielen in Ruinen
wo Bautrupps bald Beton und Glas verbauen

als ich ein Kind bin meine Eltern jung
muß ich der Kummer sein der sie entzweit
kein Tag will mehr vergehen ohne Streit
wer wen verriet in seiner Zuneigung

nichts ist in meiner Kindheit was es scheint
wer mordete nennt sich Herr Biedermann
Liebhaber klopfen als Monteure an
oder Klavierlehrer wenn Mutter weint

im Radio liest man vor wer wen vermißt
ich lausche neidisch trotzig und beklommen
wenn Namen verschollener Kinder vorkommen
und Schuld mich trifft die nicht die meine ist

Kaprun

Kaprun – der Name raunt in meinen Ohren
bin knappe sechs als wir im Heimatstreifen
von Zell am See Familienurlaub machen

Erinnerungen dunkel – Super-Acht-
Aufnahmen mit der Vaterkamera:
Ein Himmelsblau als sei es Enzian

Kodachromewiese Illustriertenrasen
vor Alpengipfeln Kuhherden beim Grasen
Vergißmeinnicht schneeweiße Dirndltracht

halb Jodeljuchzer bis Amerika
halb Ausflugsschuppen stickig und vergoren
mit Lederhosen beim Schuhplattlerwahn

im Sessellift auf seiner Umlaufbahn
wo meine Eltern sich verbittert streiten
es hallt von Tal zu Tal: du mieses Schwein!

das an der Zither muß der Herrgott sein
der Zittergreis mit Bart im Abendschein
und Mutter spricht vom Garmischkinderlager

wo sie vor Luftangriffen sicher war
ich weine um ein Rehkitz tapsig mager
das ich als Freund ins Flachland mitnehmen will

Kaprun – als sei es eine Runenschrift
im Beiselbrodel nie vergangener Zeiten
reichsdeutsche Weise unbeirrt und schrill

verschluckt was Vater gut tut Mutters Keifen
Balkone biegen sich im Blumengift
ich bitte beim Zubettgehen mucksmausstill

beim lieben Herrgott dem vor seiner Zither
ums Rehkitz meine Eltern mich zu schonen
vor Krieg und Kinderlandverschickungssachen

erwache vom Lambrettakrach um Mitternacht wenn Stimmen und Musiktruhen ruhen
und will am liebsten bei den Sternen wohnen

die in der Tiefe flammen fern von Kaprun

Deutsche Einheit

Ach *Deutsche Einheit* die mein Vater rauchte
pro Kiste kostete sie zwanzig Mark
im Qualm der seine Zimmerluft verbrauchte
kam mir mein Vater groß vor – groß und stark

Zigarrenkiste mit dem Etikett
auf dem zerkratzt der deutsche Adler prangt
mein Vater rauchte stumm auf seinem Bett
an Heimweh und Erinnerung erkrankt

vergangenheitsselig ohne Bitterkeit
verstrickt in seinen Traum von Kindheitspommern
vom Krieg verschlungener Geborgenheit
und Schuß um Schuß zerfetzten Ostseesommern

grimmiger Adler warf den Vater an die Front
als halbes Kind das es ein Lebtag nicht verwand
an Leib und Gliedern zwar vom Krieg verschont
war seine Unschuld mit dem Pommernland verbrannt

ach *Deutsche Einheit* die ich wiederfand
ein letzter Rest von Tabakduft nicht mehr
er blieb mir bis ans Ende unbekannt
zerbrochener Mensch Zigarrenkiste leer

Kinderkrankheit

Von meinem Klinikbett in Stockwerk Zehn
erkenne ich den Brauereiturm wieder
wo ich als Junge Afri-Cola trank

wenn Krankenschwestern Zimmerrunden drehen
um volle Bluturinbeutel zu leeren
wird mir bewußt ich bin nicht ernsthaft krank

ich spiel den Eltern vor ich sei in Not
und reibe an meinem Fieberthermometer
bis es auf Einundvierzig Grad ansteigt

und steigt und steigt als sei ich knapp vor tot
bald einer dieser zig Milliarden Sterne
ein Glitzerpunkt der sich am Himmel zeigt

man bringt mir Grießbrei Tee und lasches Weißbrot
das mich an Mutters Speiseplan erinnert
die Brot in Milch einweichte: Armer Ritter

vor meiner Kindheitslandschaft in der Ferne
der Nachkriegssiedlung nahe dem Autokino
mitten im Wald mit Prisen Brandgestank

vom Abfallberg namens Monte Scherbelino
vermischt mit Harzgeruch und Duft von Flieder
am Waldrandrinnsal beim Kaulquappenfang

wir nahmen Reißaus bei nahendem Gewitter
vor Wolken donnerschwangeren hagelschweren
ich war mir sicher mich zerhackt der Blitz

aus Mutters Kriegs- und Luftangriffsgeschichten
es bleibt verkohltes Fleisch ein Rest verwehter
Gewebefetzen der im Krater schimmert

von Eltern Lehrern Banknachbarn beweint
auf unserer Rodungsinsel Gravenbruch
wo sich vom Wind zerzauste Kiefern biegen

als ob sie sich aus Kummer um mich wiegen
dem Kind das tot sein wollte bis mir scheint
was man mir wegschnitt ist ein Kinkerlitz

Erfindung eines Jungen in kurzen Hosen
zu kindisch-harmlos um mich zu vernichten
es kommen Professoren mit einem Trupp

Studenten und verkneifen sich Prognosen
wenn sie in weißem Halbkreis um mich stehen
vor meinem Klinikbett in Stockwerk Zehn

Sonntage in der Schlafschachtelsiedlung

(zu Zeiten Uwe Seelers)

Diese um den Betonkirchturm bimmelnden Sonntage
Sonntage aus Langeweile und Mehlschwitze
diese Bienenstichsonntage Sonntage mit
Witwe Kinderschreck Hausmeister Kriegsinvalide
diese Isetta- und Volkswagensonntage
in der Schlafschachtelsiedlung im Kiefernwald wo wir
beim Spielen vergessene Bomben entdeckten
mit im Radio schmetternden Fußballreportern
als melden sie deutsche Erfolge im Osten
Schuß um Schuß sich verringernde Schande
diese Waldmeistersonntage Brennesselsonntage
diese Sonntage wenn wir zum Sportplatz am Bach flohen
wo wir kickten und dribbelten um unser Leben
Tor um Tor kleiner werdendes Grauen
mit begehrten Verletzungen heimhumpelnd zu
Witwe Kinderschreck Hausmeister Kriegsinvalide
an diesen Gespenster- und Fledermaussonntagen
in der Schlafschachtelsiedlung im Kiefernwald
mit seinen im Sandboden schlummernden Bomben

Mondlandung

Im Juli Neunundsechzig: Fortschrittszeit
man bringt uns einen Fernseher ins Haus
gegen den ersten Menschen auf dem Mond

kommt Vaters Glotzeritisfeindlichkeit
nicht an: kulturloses Amerika
aus Coca Cola Raumschiff Enterprise

Massaker von My Lai Hiroshima …
vorm Schlafengehen flackert es schwarzweiß
auf Mutters Platte Cervelatwurstbrote

mit Sauregurkenscheiben und Radieschen
Flugvorbereitungen: Cape Canaveral
Tagesschau meldet: in Vietnam x Tote

als Vater schimpfend vor der Kiste kniet
um unser Grieselkino scharf zu kriegen
sein Fortschritt steht bei Marx im Kapital

das er im Doktorandenkreis studiert
um Imperialisten zu besiegen –
Antennen richten bis man klarer sieht:

Vateraufgabe Hochschullehrerpflicht
wir Kinder sind verhext vom Zauberspiegel
was der mit seinen blonden Feen verspricht:

Ranch-Ponderosa-unser-trautes-Heim!
bis Vater wieder am Antennenarm zieht
es schneit um alle Sendemasten

als sich Apollo zu den Sternen verirrt
vier Tage Spannung Straßenfegerquote
Tagesschau meldet sechzehn Armytote

man weckt uns zum Ereignis just in time:
es krabbelt aus dem Landefahrzeug Eagle
Neil Armstrong der im Mondpuder spaziert

er pflanzt sein Sternenbanner winkt ein bisschen
ein Menschheitssprung sein kleiner Menschenschritt
das wird vom Sprecher Außersich betont

ob es auf unserem Erdtrabanten schneit?
schwarzweißes Rieseln pockennarbig grau
wir nicken ein bei dieser Flimmerschau

Vater der wieder vor der Kiste kniet
als ob er beten wolle: Fortschrittszeit
stellt als nichts hilft den Zauberspiegel aus

Braunschweiger Metronom

Klavierstunde Balkongardinen schweben
Nachmittagssonne Ballaufschlag Luftstrom
der mich ins Freie lockt zu Lust und Leben
ich halte still mich zwingt das Metronom

Wilhelm-Gymnasium Klinkerbau Kaserne
Lateinlektionen ums antike Rom
Selbstzucht und Schneid in vorbildhafter Ferne
Heil Caesar! zackig tackt das Metronom

Herr Nachbar will sein Schlesien heim ins Reich holen
um jeden Preis wenns sein muß mit Atom
kriegsinvalid vom Feldzug gegen Polen
zum Stiefelmarschtritt aus dem Metronom

Langhaarige sind schwerer von Kapee
und Widerstand ist ein Gesetz von Ohm
bei Schulfreundeltern auf dem Kanapee
gehorsam nicken wie ein Metronom

im Alter von erst elf Liebeserwachen
im Wallringrhododendron ein Kondom
fiesfeucht weiß nicht was lassen oder machen
und sie verstockter als ein Metronom

erdtiefes Grummeln nahende Stimmbruchzeit
im Sonnenglanz als sei der Fluß aus Chrom
Braunschweiger Oker bald sind wir bereit
zum Aufruhr – schweigen wird das Metronom

Jugend

Wir nahmen uns vor mit vierzig tot zu sein
Familie Eigenheim waren Verrat
mit Absicht lieber ungepflegt als rein
verachteten wir Vorschriften und Staat

daheim zwei Seelenruinen Hitlerkinder
unsere Alten hatten Dauerstreit
sie triezten sich von Tag zu Tag in blinder
Ohnmacht und vergingen vor Selbstmitleid

oh unsere Lust an Mitleidlosigkeit
oh unsere Lust an Aufruhr und Verstoß
Bierpullen schwenkend knatterten wir breit
in Schlangenlinien auf unsern Velos

zu Lehrern kriegsversehrt an Leib und Seele
im Anstaltstrotteltrott mokant bis dreist
umso erregter schnarrten sie Befehle
verwirrt vom neuen Befehlsverweigerungsgeist

oh Lust an Wider- und Toilettenspruch
an Imponiergehabe Albernheit
wir zuckten im Hormon- und Haschgeruch
vor Partykellergroovebenommenheit

oh diese Flugblattwachsmatrizenzeit
romantischer Rebellen im Strickpullover
Lavendel Yogi-Tee und Batikkleid
the revolution was already over

altkluge Freaks Milchbartprovinznestler
Liebhaber von abstrakten Theorien
ums Menschheitsziel abstrakte Liebhaber
rauhbauzig außen innen auf Herzensknien

oh diese Lust an Himmeln hennaroten
an Tropfflaschen und Kerzenschummerschein
Gartenzwergklau vereintem Pissen Schoten
tragischen Toden Losungsschmierereien

drei von uns blieben auf der Strecke jung
zerquetscht im Schrottauto vom Krebs zerfressen
vor Lebensaussichtslosigkeit beim Sprung
von einer Hochgarage ins Vergessen

uns anderen mit Kindern Zipperlein
Frau Haus Krediten die erfolgreich scheinen
bleibt nichts als uns das Alter zu verzeihn
und heimlich unsere Jugend zu beweinen

Heimatkunde

Wo ist das Land aus Muff und Muckefuck
Familienschmausereien Brathendl fliegen
im Wienerwald mit Ansichten aus Stuck
und Riemen die ein Kinderkreuz verbiegen

das lechzende vor Todesstrafengier
das vor der Mattscheibe Verbrecher jagt
sein Volksempfinden dampft bei Korn und Bier
und stinkt in den Gardinen wenn es tagt

das Land aus Kohl- und Bohnerfettgeruch
das gegen Grauschleier zu Felde zieht
vor seinen Himmeln Wachs- und Leichentuch
in Blechkolonnen zum Itaker flieht

das Land mit Speckringen vor Selbstmitleid
das in seinen Strahlenschutzkellern Vorrat hortet
Haß Nahrung Magenbitter Hitlerzeit-
geschichten die es nicht verantwortet

das Friedhofsruhe- und Prothesenland
das vor dem Sieger kuscht den es verachtet
mit seinem blutverschmierten Seelenverband
und Mordsverwaltung nur zum Teil entmachtet

aus Ukassen und Bienenstockfrisuren
aus Puddinghaut verlogenem Ferment
aus Overstolz und Kaba Kuckucksuhren
das Scham und Schande nur bei Nacktheit kennt

das Land in dem ich klein gewesen bin
in Zweierreihen im Hof der Schulkaserne
gespensterhafter Neubausiedlungen
am Martinstagumzug mit der Laterne

das Scheren- und Messerschleiferland verging
verbotener Spiele und Gewissensbisse
das Mutterland an dem ich hilflos hing
verhaßtes Kindheitsland das ich vermisse

Dannebrog

Was ich vermisse Vaters Schweißgeruch
der streng in seiner Ferienkoje hing
als seis ein Tierbau aus Geborgenheit

in den wir krochen vor der Aufstehzeit
wenn erste Kutter eintrafen im Hafen
um uns in Vaters Schutz der nicht verging

niemals vergehen konnte auszuschlafen
mir fehlt der Stockfisch der auf Holzgestellen
im Seewind trocknete am Seegrasdach

das weiße Kreuz im sonnenroten Stoff
das sich bei Brisen bauschte: Dannebrog
Stoppelbartvater den der Krieg betrog

ums Pommernland er reiste heimwehkrank
bis zur Verbissenheit in Ostseebreiten
als reise er in seine Kinderzeiten

aus Meeresluft die ahnungslos und rein war
mit Vater fand man Bernsteine am Strand
im Tiefen tauchen zwischen seinen Beinen

vor Feuerquallen nahm er uns an der Hand
und brachte seine beiden Jungs an Land
wo alles wehte: Hafer Segeltuch

Wimpel an Is- und Røde-Pølser-Stand
was Vater fehlte das vermisse ich
Lagunenwasser gelber Uferstrich

Schaumflocken Seeschwalben schneeweißer Sand
Wolken am Himmel leuchtend und erhaben
fransig verwischt als ob sie Eile haben

wir hatten mit zwei Nachbarskindern Zoff
die uns im Spiel als tyske swin beschimpften
nachtwarmer Vater mußte uns vertellen

wer schuld war wenn sie uns verunglimpften
dem er entkommen war mit Ach und Krach:
der Krieg er machte uns zu deutschen Schweinen

mir war vorm heimwehkranken Vater bang
in seiner Ferienkoje als ich klein war
als seis ein Tierbau aus Geborgenheit

heute vermisse ich was er vermisste
vermisse seine Ostseeheiterkeit
wenn man den Dannebrog am Grasdach hisste

Es steht nicht mehr das Haus im zweiten Hof

(Wedding, Liebenwalder Straße)

Es steht nicht mehr das Haus im zweiten Hof
wo ich meine Studentenzeit verlebte
bei Osramlampenwerk und Kebapimbiss

in Kohlequalmgestank aus allen Ritzen
plus Sonntagsgottesdienst im Radio
von nebenan mein rheinischer Herr Nachbar

(bigotter konnte keine Tunte sein)
verklatschte seinen Freund: du schwule Sau!
vom Erdboden verschluckte Mietskaserne

um einen Schacht mit Himmel regengrau
auf Aschetonnen fielen keine Sterne
nur fetter Ruß was fror ich Stein und Bein

in diesen Mauern: voller Seufzer Klo-
geruch auf halber Treppe Fuß- und Nachtmahr-
schweiß brenzligem Knaster Milch Mehlschwitzen

Kohldunst der von Stock zu Stockwerk schwebte
beim Widerhall aus Quetschkommodenschwof
samt Scherenschleifer- Leierkastenechos

Piepeln die barfuß Fußball ballern Schieß-
ereien zwischen Nazis und Rotfront:
das war vergangen munkelte in Rohren

aus Blei bewohnt von Ratten Scharen an Schaben
als knistern sie bei Nacht in meinen Ohren
es steht nicht mehr das Haus wo ich verging

vor Dichterwehmut Welterkenntnisdrang
mein junges Herz: empfindsam und erhaben
liebte das Absolute: aussichtslos

im Strahlenkranz von Tschernobyl und Pershing
Buchwissen schluckte Seminarkram tippte
zur Irren schielte die am Fenster strippte

und keifend Hausrat aus der Wohnung schmiss
bis man sie in einen weißen Kittel zwang
es steht nicht mehr als man es niederriß

wer weiß was aufstieg außer Mief und Staub
– vor diesem Loch aus blauer Finsternis
das ich war macht mich Schwermut taub

Im deutschen Paradies

(für Kurt Drawert, in Rom 1995)

„Triebe mich nicht die deutsche Sinnesart…, so sollte ich in dieser Schule des leichten und lustigen Lebens noch einige Zeit verweilen …"
Goethe, Italienische Reise

Ob wir das warn: Fernreisestipendiaten
im Garten Eden Studio 3 und 4
in allen Himmelsrichtungen hohe Mauern

neunfacher Stacheldraht bewacht vom Schutzwall
vor Lebenslust Naturvolkleichtigkeit-
und Leichtsinn mit der Herkunft in den Knochen

ein deutsches Paradies: Zitronen kullern
und Sonnen schweben im Orangenhain
Kieswege strahlendweiß kurz vorm Erblinden

im Schatten ausruhen neben Brunnen die pullern
(es muß dein blondes Pflichtbewußtsein sein
dir strafend neue Verse aufzubinden)

nur nachts kann es in Leitungsrohren pochen
Parkginster knistert eine Eule schreit
und aus den Katakomben zieht ein Schwall

von Schimmelluft wo tote Seelen kauern
ausschwitzen halb ins Bett halb auf Papier
was wir mitschleppten aus zwei deutschen Staaten

die sich umschlungen haben: Millionen
dein Land das morsch in sich zusammenfiel
von Heuchelei und Irrwisch zugeweht

das meine dieser breitbeinige Sieger
das nicht mehr war was es gewesen ist:
Teufel und Tod im Kreuz aus besenreiner

Enge Emsig- und Ergiebigkeit
ein Doppelschwindel dieses Doppelland
(doppelter Schwindel wird vereint nicht kleiner)

sich loszumachen reichte nicht es blieb
unseren Lebensnerven eingebrannt
ich wollte von der Heimat nichts mehr wissen –

du hast dich umso mehr in sie verbissen
ob wir das waren: zwischen Grimm und Spiel
Klatsch Albernheiten und Sprachlosigkeit

bis dich dein blondes Pflichtbewußtsein trieb
vors weiße Blatt (ein Nichts das nie vergeht
und alle Tage unsern Mut zerfrißt)

was dich das kostete: der Schmerz kam wieder
Koliken ohne Ende: Nierensteine
vor meinem Studio wimmernd siech und schief

ob wir das waren: Fernreiseteutonen
auf Pinienalleen bei Fackelschein
noch (halbwegs) jung im deutschen Paradies

das kann nur in der Fremde heimisch sein
aus dem man uns als unsere Frist ablief
mit allen Sinnen Sack und Pack verstieß

Es schwindelt mir vor meinem Land

Es schwindelt mir vor meinem Land
das in Gewissensnot und Reue
seinen Seelenfrieden wiederfand
mit sich im Reinen zeigt es Schneid
nicht ohne Scheu vor dieser Treue
zur herrischen Vergangenheit

mein Land das mich beklommen macht
in seiner Vorbildhaftigkeit
wo Grieß und Honig Tag und Nacht
aus sauberen Fabriken quillen
samt Geld und Selbstgerechtigkeit
die den Schlaraffenhunger stillen

es schmiedet Waffenmaterial
das es in alle Welt verschickt
nebst polizeilicher Moral
mit deutscher Strenge bis ins Mark
das vor es losbellt Kreide frißt
charakterfest und zahlungsstark

es schwindelt mir in diesem Land
großspurig vor Bescheidenheit
errichtet auf Ruinen und Sand
der in der Tiefe mahlt und treibt
das Land verbissner Einigkeit
das fremdelt und zerrissen bleibt

Entsagung predigendes Land
das vorschreibt: Riemen enger schnallen!
den Nachbarn bis das Leder spannt
um Schmalhanskuhlen mein Knauserland
bei Haushaltsdingen zeigt es Krallen
und vormundhaften Sachverstand

weltoffen reizbar kalkuliert
modern engherzig stubenrein
mein Heimatland das niemals irrt
um seinen goldenen Nabel kreist
als seis ein Knopf im Abendschein
an Preußens Uniform verwaist

II

Zipfel Massel: Déjà vu

Mascha

I

Das lerntest du von Kindesbeinen an:
ein Land zu wechseln um vor allen Dingen
sein letztes Gut in Sicherheit zu bringen
das man besitzt und nicht besitzt: ein Leben
zusammen mit den Menschen die man liebt:
was ist es wert wenn es sie nicht mehr gibt?
Mejderl mit Namen Golda Malka Aufen
uneheliches Kind von Fischel Engel
und Chaja Reisel Aufen aus Galizien
als du mit sieben Jahren das Reich erreichst
das zum Willkommen den Vater interniert
(wer weiß ob er als Russ nicht spioniert)
nennt sich dein Schulbanknachbar: Hungersnot
und Deutschlands Kaiser ist der Kaiser Tod
das merkst du dir bereits in dieser Zeit:
gegen Verzweiflung hilft nur Heiterkeit

und bald beim Alexanderplatz im Swing
von Kintopp Inflation Elektrischen
Schifferklavier- und Saxophongequengel
Betstubensingsang Schnuten aus Sing Sing
von Pelz und Pistol Kiezganovenmiezen
Erbsen mit Speck an Eckspelunkentischen
lernst du als Frolleinchen berlinisch laufen
Schmolllippen Kraushaarwiderspenstigkeit
Stupsnase Schlag- und Zungenfertigkeit

breitbeinig Arme stemmen in beide Seiten
mit Seidenhose Baskenkappe kess
herzhaftes Koddern plus: Wurststullenjazz
es ist der Osten: Gramvergangenheiten
und Schtetlschwermut den du in dir streichst
um zu pulsieren in Achtzylinderzeiten
samt Keinbahnstraßenneigung – dieser Rest
Chrzwanówerinnerung krallt sich in dir fest

ansonsten sachlich schnoddrig selbstbewusst
in Kurzschrift: Angestelltenalltagsharm
zwei Prisen Sehnen und ein Quentchen Scharm
von wegen Großes Los – was zieht man? Haare
aus Suppen und Salaten bis zur Bahre
von Kleiner-Leute-Anspruchslosigkeit
bei Leben Laufbahn Lohn und Liebesleid
dem Schwarm aus anonymen Arbeitsbienen
an Telefonen oder Schreibmaschinen
meublierten Seelen molleblondem Mond
zwischen Reklameschildern Chlorodont
von Talmizuversicht Verlassenheit
singst du bedripst und mit Spottdrossellust
nicht einvernehmlich harmonieversessen
schlagerverschlagen oder selbstvergessen
mit Paar- Kreuz- Blockreimen aufs Blut im Schuh
greifst du zum Zipfel Massel: Déjà vu

II

Es nahen Trommelwirbel Stiefeltritte
wer mit der Fackel loszieht fackelt nicht
bald flackern Scheiterhaufen lichterloh
was deine Heimat war geht auf in Flammen
verrannt im Wahn sich selber zu verdammen:
bei Hinz und Kunz macht sich Gemeinheit breit
wo bleibt dein Angestelltenalltagsweh
und Kleiner-Leute-Anspruchslosigkeit
die du im Reim umarmst: Mitmenschlichkeit?
das hetzt erniedrigt und misshandelt roh
das brandschatzt stiehlt und mordet oy gevalt
du willst es nicht mehr dieses Jemine
vergessener Schtetlgramvergangenheit
jung bist du frisch verliebt bekommst ein Kind
das anders ist als Rassekinder sind
in der Siegheilheilhitlerschreihalszeit
verhallt sein Schrei als sei er eine Bitte:
vor Mord bewahrt dich keine Heiterkeit

es quietscht ein Kinderwagen vor Entsetzen
beim Kesseltreiben um die halbe Welt
dein Fleisch und Blut muß um sein Leben hetzen
von Isegrims und Ariern verbellt
ob euch an Frankreichs Quais ein Pott verschluckt
und in New York ans sichere Ufer spuckt:
es steckt dem Kind ein Lebtag in den Knochen
sein Schoß- und Schutzvertrauen ist zerbrochen
was kann es tun als seine Lehren ziehen

und wenn es groß ist vor der Obhut fliehen
der liebevollen?
                                                es weiß ja nur auf Zeit
bewahrt sie es vorm Schmerz Verlassenheit

warum sich dieses Sehnen in dir verkrallt
auf asphaltierten Indianerpfaden
in Greenwich Village Little Italy
bei Chinas Drachen Tschorba Romany
plus Jewish Pumpernickels Chez Louis
wenns neben dir waschecht berlinern tut
als sei im Jrunde allet wieder juut:
am Hudson duftets dufte vonne Spree
ick jloob et nich: Romanischet Café
in der Minetta Street! Uhlandkastanien
preußisch korrekte Primeln und Geranien
ach Heimweh unfreiwilliger Nomaden
du greifst zum Zipfel Massel: Déjà vu
Vajisset! Niemals reimen sich KaDeWe
und Kiez aufs Blut im Emigrantenschuh
dein Kindchen ahnt es: Voller Scham und Gram
ist Mutters Sprache: Don't speak German, Mom!

III

Wo ist das Land das deine Heimat war
das dich mit Mann und Maus umlegen wollte
Frau Holle- Aschenputtel- Witwe Bolte-
Bonbonglas- saure Jurken- Zimtaroma-
Nebelland: Terra inkognita
das besenreine Land mit Dreck am Stecken
das kriegsversehrte Ledermantelland
das sich bemitleidet verstockt verstimmt
in Sahne Schnaps und Mayonnaise schwimmt
der Raffkes die sich einen Wanst anfressen
bei Partyschnack und Nacktnightlife vergessen
das Kindheitsland wo du mit Murmeln spieltest
das Sehnsuchtsland: vernazit und verroht
Pfiff Tachlis Herz mit Schnauze: mausetot
was du betrittst: zerschossene Ruinen
vom Hinterhof – als letztes Déjà vu –
drehorgelt dir ein Leierkasten zu

Berlin kaputt: zahnlose Jugendfreundin
als wolle eine futsche Schickse grienen
um KuDamms Tipptoppgoldkrone zu blecken
im Scherbenmaul
                    beim nebbich Bahnhof Zoo
wo man aus Warschau und Paris express
andampfte schnieke vornehm mit Charis:
is allet zappendusta
                    Weltstadtjazz?
Chalott'nburga Mops im Paletot?

jejessen!
                                        mittenmang in diesem Mief
kommst du mit deinem Feez und Schisslaweng
als Vorkriegslerche die auf Halden schmettert
modern elektrisch metropolenvif
ein Déjà vu das aus Ruinen klettert
bei deinen Auftritten vor Mikrophonen
in Funkhaus oder Zeitungsredaktionen
schließen sie dich ins Herz als – Alibi
nur: nicht bereit zu sein zur Amnesie
vergessen und vergeben sie dir nie

du findest deine totgeglaubte Schwester
das Kind im Dunkeln mit dem Mondballon
es spielte nachts allein auf dem Balkon
bis es der Mann mit Totenkopf verschleppte
in Russlands Weiten wo im Birkenwald
bei lindem Flirren ein Schuss stiekum verhallt
das Kind im Riesenreich verschollen: lebte!
ach Puttel arg- und selbstlos herzensgut
nur eine Stunde weg vom Tauentzien
kommt es zum Rotz- und Wasser-Wiedersehen
als seis ein Schlagerfilm mit Schmalzorchester –
ansonsten tut Barlin dich nich mehr juut
was du von Spreeathen im Sinn behieltest:
kapores!
                                        außer Schall und Rauch ist nichts
von Vaterstadt und Heimatland verblieben
du denkst bei dir gramgrimmigen Gesichts:
ich habe nur die Meinen – um zu lieben

IV

Und wieder brichst du auf: Jerusalem
als seis ein Schtetl staubig schwatzhaft eng
im Zedernland: heillos zerriebene Seelen
in kurzem Hemd zeigt sich das Grauen zur warmen
Jahreszeit mit Nummern auf den Armen
folgst deinem Mann der Tag um Tag erstickt
Asthmapatient mit Fieberinfektionen
als ungelernte Krankenpflegerin
zu aufopferungsvoll um dich zu schonen
schluckst Schlaftabletten kannst keinen Frieden finden
und bald vor Schmerz nicht mehr Maschinetippen
total bankrottes Konto Energie
dein Sohn um den euch bange ist schreibt nie
(er liebt seinen Freund – das wirst du nicht verwinden)
Ahnung und Alb verengen eure Kehlen:
nah ist der Tod und wird euch nicht verzeihen
nicht eurem Jungen dem Gas entronnen zu sein
du rettest dich in Kinderreim- und Zeit:
gegen Verzweiflung hilft nur Heiterkeit

und reist als seist du auf der Flucht von Kur
zu Kur Flims Baden-Baden Badgastein
ach eure Ahnungen sie holen euch ein
in Massachusetts Pittsfield Hospital
zerreißt es deine innere Nabelschnur
dein Kind dein liebes Kind es stirbt
                    vor Qual
und Kummer stirbst du mit

Seine Limmat Spree
Lago Maggiore St. Moritzersee –
du reist verfolgt von Ruhelosigkeit
und zwingst dich Tag um Tag zur Heiterkeit
verzweifelt tapfer um aus deinen Rippen
– als Déjà vu mit der Vergangenheit –
einen Reim zu schneiden der dir Trost verschafft
dein Mann dein lieber Mann verlischt
vom Leid
Verlassenheit und Krankheiten zerknickt
fehlt es dir bald an Lebenswillen- und Kraft –
reimlos verschließt du deine Flaschenpost
dein letzter Trost: Trost es gibt keinen mehr

III

Achtung Ferrari Achtung Pferdekarren

In diesem Land der falschen Polizisten

In diesem Land der falschen Polizisten
die echten scheuer als Karpatenziegen
der Antikommunistenkommunisten
neureichen Kinder aus Politrukriegen

Hausmeistern im Besitz des passenden
Parteibuchs rauchend vor den Hohen Pforten
der findig Staatsgelder verprassenden
Ministerialen zum Vorteil der Konsorten

der Fernsehsultanate grell vor Gift
vom Teleprompter beten Medienhuren
hysterisch mit verschmiertem Lippenstift
Tevaumoguln- und Oligarchensuren

im Land der Hungerleiderpensionisten
und Hundemeuten die im Abfall scharren
der explodierenden Champagnerkisten
Achtung Ferrari Achtung Pferdekarren

im Land wo man sein letztes Hemd versetzt
um nichts als einer Pflaumenschnapsflasche willen
es spiegelt sich erniedrigt und verletzt
in Gaunersonnen- und Beamtenbrillen

im Land in dem Kanaldeckel begehrt sind
wo Autolenker Blindengeld kassieren

Doktorentitel Pinkepinke wert sind
sich Tote einen Friedhofsplatz erschmieren

der Popen die mobil mit Gott dem Herrn
telefonieren am Himmel treiben Herden
Schafe kalt beschienen vom Morgenstern
dem es mißlingt zum Abendstern zu werden

vor Schicksalsdemut dampft der Maisbreifladen
und Natterntanten zischeln Niedertracht
es wandern um den Mond Verleumdungsschwaden
auf seiner greisen Bahn um Mitternacht

es frißt das Land den Heuchlern aus der Hand
erdrosselt sich am Donaunabelstrang
sein Schwarzes Meer leckt an Europas Rand
begierig spuckt Petroleum Schwemmgut Schlamm

in dieses Land versprengt wer weiß warum
zerknack ich Sonnenblumenkerne ratlos
und halte mich in den Karpaten krumm
an Bohnenmus und Bauernregeln schadlos

Bukarest

Dame von Welt mit Zigarettenspitze
Pariser Duftwasser im Chevrolet
beim Tanzbeinschwingen mit der Hautevolee
kamst du beim Petroldollarswing in Hitze

scharmante Kerle snifften deinen Puder
als sei es Koks der sie elektrisiert
ein junges Ding das sich emanzipiert
halb Bauernfratz halb unschuldiges Luder

neureiches Kind mit Schmutz- und Hornhautzehen
die es vor Scham im Riemchenschuh versteckte
wenn es sich auf dem Balkandiwan streckte
ließ es sein weißes Fleisch in Schleiern sehen

mit Orientschliche strichst du Diplomaten
aus aller Herren Welt um Bart und Brillen
warst Dichtern Politik und Hof zu willen
die keine Scheu hatten dich zu verraten

was aufmarschierte: blutbespritzte Horden
zerstampfte deinen lilienreinen Leib
stumpfsinnig spieltest du zum Zeitvertreib
Kanaster zwischen Staats- und Terrormorden

aus Selbstschutz gingst du mit den Deutschen fremd
die Pferd und Frau zureiten: Offizieren

um sie am Schluss mit Rußland anzuschmieren
das dich erleichterte ums letzte Hemd

dein Perlengebiß im Namen der Partei
brach man dir aus ersetzte es durch Eisen
zum Dank musstest du deine Schinder preisen
mit hohlen Losungen aus Blut und Brei

sie haben dich am Herzen operiert
und spritzten dir massiv vermahlenen Kalk
in deine Brust vor Schmerzen bald auf Alk
hingst du im Kittel grau und mies blondiert

nichts mehr von Vornehmheit seis Pfiff seis Schick
nur eine Schlampe auf dem Mottendiwan
die kuckt tagein tagaus Soaps im TiVi an
frißt Chips schlurft schlaff aufs Scheißhaus quabbeldick

was aus dir wird ob dich Chirurgenmesser
zum teuren Glas- und Kunststoffmodel modeln
wenn Spekulantenschlitten auf dir rodeln
und dich besteigen Schieber und Erpresser

vorm Wohnblock deine ranzige Erscheinung
die wird vom letzten Milbenhund verbellt
nur sonntagseinsam nicht von dieser Welt
durchschauert dich ein Hauch: Erinnerung

Vor Lust und Lebenswillen

(Nora Iuga zum 80. Geburtstag)

Am Stadtrand Bukarests bei der Zementfabrik
um die der Mondschein einen Bogen macht
sie selbst aus seinem Stoff langfingrig quick
und quecksilbrig um Mitternacht

teils große Dame mit dem Wahrzeichen von Hut
sein Wagenrad dreht sich auf grauem Schopf
teils Ziege Eigensinn und Sinnenglut:
aus jedem Knopfloch linst ein anderer Knopf

teils Backfisch jung bis in die Haar- und Fingerspitzen
teils knistert sie vor Katzeneitelkeit
und schnurrend saugt sie Honig aus den Zitzen
der Zeit und der Gelegenheit

teils Weltenbummlerkind in Remscheid Rotterdam stieß
es an Mutters Tanzschuh Vaters Geigen
bis sie das Arbeiter- und Bauernparadies
einmauerte in Losungen und Schweigen

zu Zeiten als der Maisbrei erigierte
vor Lust und Liebeshunger aus dem Klassenlot
warum Herr Zensor der Lysol ejakulierte
sie als entartet sittenlos verbot

teils Hexenmeisterin teils Feenseele
die Worte kaut und schluckt mit Haut und Haar

abrakadabrat aus verengter Kehle
von Tagen als kein Mensch gestorben war

kein Dichterfreund im Alkohol ertrank
aus einem Wohnblock fiel wer weiß warum und wie
und George nicht in seine Grube sank
mit dem sie eines war in Bett und Poesie

von wegen altersmild: romantisch und verletzlich
beifallversessen und von Weisheit frei
und bis zur letzten Stunde widersetzlich
teils aus Charaktertreue teils Schauspielerei

am Stadtrand zwischen Mann und Maus es riecht
von Stock zu Stock nach Weißkohl Schnaps und Harn
spinnt sie um Mitternacht aus dem was schiecht und kriecht
vor Lust und Lebenswillen: Dichtergarn

Was er im Kreuz hat

(für Vlad Zografi)

Mein Freund in seiner altersschwachen Bude
der vor dem Krieg modernen vom Erdbeben bedroht
was er im Kreuz hat: den regierenden Lug als Luden
von dem das Land sich Schutz verspricht in seiner Not

Alltagsquerelen theatralisch und absurd
Verlagsunstimmigkeiten Manuskriptehaufen
beim Korrigieren raucht er bis die Lunge knurrt
sein schlimmster Mangel ist: er kann sich nicht verkaufen

sein Pflichtbewußtsein nicht an Schlamperei
im Land von Schlendrian und Pflichtvergessenheit
sich selbst nicht an Beziehungen Prahlerei
Gesinnungslosig- oder Eitelkeit

was er im Kreuz hat: diese Ehrlichkeit
man legt mit Vorliebe aufs Kreuz wer ehrlich ist
der hat den Ruf von schierer Ahnungslosigkeit
im Land wo Klein (in Klein) und Groß (grandios) stibitzt

mein Freund er hat im Kreuz: ein junges Leben
verbracht beim Schlangestehen vorm Schalter Hoffnung
auf Fluren wo Schnapsfahnen wehen Rauchschwaden schweben
und als der Schalter aufging war es – nicht mehr jung

was er im Kreuz hat: eine Diktatur
Kaufhallenleere – bis auf Krabben aus Vietnam

nebst Schampanskoje: Propagandaschwachsinn pur
Stromsperren heizungslose Winter Grauen und Gram

was er im Kreuz hat: diese Heuchelei
von Ex-Vollstreckern mit Extrapension:
Opfern erlogenen der Staatsschutzpolizei
und falschen Helden der Revolution

dem Vakuum in dem Atome rasen
zog er den Hungerlohn des Lektors vor
studierter Physiker mit Sophokles-Ekstasen
und shakespearescher Theaterpoesie im Ohr

Direktor eines Schauspiels aus Papier
in dem Charakter um Charakter irrt
jagt er in Wesen zwischen Geist und Gier
das Gottesteilchen das im Menschen schwirrt

mein Freund er will nicht leben ohne Bachkonzert
Rachiu Tschorba de burta Auberginenmus
in Klar- und Wahrheit die man nicht verkehrt
wie im Tevau: Desinformatija fakes News

um seine Mutter die als Hauch verging
im Nebelland Vergessen hat er sich verzehrt
vor Dankbarkeit um das was er empfing
am Ende bleibt: nur Schmerz der sich vermehrt

von dem was er im Kreuz hat: schief und krumm
unpraktisch hilflos nicht von dieser Welt

das macht nichts er bewohnt ein Multiversum
wo man nicht braucht was er nie hatte: Geld

und was er vor sich hat: Operationen
auf dem OP-Tisch nackt in seiner Hand den Strauß
mit Schmiergeldscheinen: es muß sich ja lohnen
sonst flickt man meinen Freund nur kraus bis graus

wieder zu Hause: Mozartsinfonien
im Kreuz kein Schmerz als ob vergangen seien:
Schwermut und Grimm mit seiner Tochter auf den Knien
ist er bereit zu Spiel und Kabbeleien

Von goldenen Eiern Waldkobolden Grenzen versunkener Reiche und Engelsgeduld

(Wahre und fantastische Geschichten
aus der Karpatenkarawanserei)

I

Selbst im Paradies zwischen
Fischteich und Schnapsbrennerei
legen Hennen keine goldenen Eier
und wo ist der Baum
auf dem Geldscheine wachsen
der uns mit seinem Schatten beschirmt?
am Nachmittag: Schmelztiegelluft
dieser Himmel aus Glas
an dem Holzklau- und Tanklaster rollen
nicht Elija der Heilige mit seinem Feuerkarren
der Weltuntergangsdonner und Sintflut entfacht
sie schlittern in Kurven vom Berg in die Tiefe als
solle der Himmel zerbersten was
bleibt auf dem Teerbelag:
Felle Gehirnmasse Innereien
flimmernder Friedhof wo
Hund neben Igel ruht

II

Am Tor diese Kinder mit Augen
verhangen und rein die
von Kindheit nichts
wissen zerstochene Knie zwei
Blaubeereneimer voll bis zum Rand
ziehen von Klitsche zu Klitsche
im Kreis dieses wehrlose
Gras: um der Not zu entkommen von
den in der Fremde malochenden Eltern
verlassen sie nennen den Kilopreis
scheu ziehen weiter von Hoftor zu
Hoftor im Kreis aus
Alleinsein und Lieblosigkeit

III

An meinem Bleibeort wo keiner bleiben kann
silberner Schlag vom benachbarten Berg:
Totenglocke die niemals
beharrlicher bimmelt als
in diesem Monat kein Installateur
weit und breit wenn das Wasserrohr
bricht und der Pegel steigt
die repariern Armaturen aus Gold
an der Côte d'Azur um eines Tages
mit goldenen Nasen nach
Hause zu kommen … wer
jung ist macht sich aus dem Staub
dieses Sommers im Bleibeort
den nur noch Greise und
Kinder bewohnen außer
Dorfdeppen Schwein oder Milchkuh das
zockelt vor Anbruch der Dunkelheit heim
von der Weide: es findet ein jedes
alleine in seinen Stall

IV

Auf der anderen Seite der Berge regierte
vor einhundert Jahren ein Kaiser sein
bis in den Geisterwald rauschender
Bart aus der Hofburg mit Landstrich
um Landstrich verwachsen umfing
mannigfache Nationen und Sprachen wer
weiß was passierte warum
seine schiedlichen Reichskinder
nicht mehr begehrten beisammen zu bleiben:
ob der Taler auf Talfahrt ging zwitscherten
Grantler von allen Telefon-
masten: liebt eure Heimaten
miefig und kleinkariert! legte der
Amtsstubengrauschleier der alles regelt als sei
es ein Staatsbahnenfahrplan sich aschig
auf Flure und Felder mag sein
Langeweile beschlich seine Landsassen ist es nicht
fade im ewigen Frieden zu leben ohne
seifige Hofoperetten mit Sisi im Glotzkasten –
bis sie von allen Seiten den Kaiser
am Bart rissen: undankbar
Mauern errichten und Grenzen
ziehen wollten nichts lieblicher
als ein Metallzaun mit Stacheldraht!

bis vor einhundert Jahren nahe der Grenze zum Reich auf
der anderen Seite des Bergs wo der Kaisergreis
grimmig in seinen Gottvaterbart mummelte

war das Karpatenhangkaff eine Poststation
um seine Pferde zu wechseln einen
Blechteller Maisbrei zu essen vorm Ritt
in die Ebene dieser sich in alle Ewigkeit
schicksalsergeben zur Donau
erstreckenden Walachei oder
dem Schuler im Burzenland zu
mit der Aussicht auf reiches und reinliches Land

ums Kriegerdenkmal Sechzehn/Achtzehn bei
Schule und Dorfladen wehen nur
Benzinfahnen – ach mit dem Leuteumbringen
ging es an als der Herrscher sein Reich
vorm Verderb zu bewahren sein Reich verdarb
indem er sich mit allen Nachbarn bekriegte bis
es zis- und trans von der Leitha zerfiel und
mein Bleibeort war keine Poststation
mehr auf der Spitze des Bergs voller
Knochen und Helme im Erdreich
versunkener Heere verschwand eine
Grenze – denkt nicht: frei und schrankenlos
streckte Europa sich baldigst im Morgentau anders-
wo teilte man Berge und Seen mittenmang
stellte Wachposten auf mauerte seine Heimat ein
– und war erst am Anfang
mit Leuteumbringen!

V

Von Klitsche zu Klitsche im Dorf nichts als
Matschfurchen außer dem Teppich
aus Teer den man ausrollte
der von der Fernstraße bis vor sein Haus
reicht (haarscharf vor sein Heim – keinen
Milli vom Meter mehr): es lebt
Herr Gemeindevorsteher auf großem Fuß!
Stammhalter des Chefs von der hiesigen
Staatssicherheit Seinerzeit der sich
modernisierte als er gegen fauliges Ei
und wurmstichigen Appel den staatlichen
Holzbetrieb eintauschte: und Kobolde
die keiner niemals nicht hopsnehmen kann
schlagen nachts den Karpatenwald kahl –
es pflanzte der Vater im Garten den Baum
auf dem Banknoten wachsen vermachte
seinem Sohn sieben Hennen die glucksen
auf goldnem Gelege und gute Beziehungen
zum Lieben Gott (der an den Gemeindewahlen
alle vier Jahre mit hunderten
himmlischer Stimmzettel teilnimmt)

VI

Neben der Kirche zum Totengedenken
drei Damenbartwitwen im Kopftuch als seien es
kraklige Briefe mit Trauerumrandung sie
singen beim Krautwickelkochen um Kessel aus
Kupfer hoch schrauben sich silberne Stimmen
zum Himmel drei Backfische meint man
von weitem die stehen erst vor Liebe
und Leben noch ahnungslos –
voller Vertrauen sind die Weiblein mit Damenbart
sicher es dreht sich der Sonnenball um die Welt
sicher wir Menschen bewohnen eine Scheibe
und Schwefeldampf zischt aus der Tiefe am Rand sicher
Adam ritt auf Dinosauriern sicher
es wird sie der Herrgott im Tode belohnen
von Tag zu Tag die sie auf Erden verbrachten
gutwillig und bienenhaft gewesen zu sein –
das macht sie heiter als seien sie wieder jung
wenn sie Krautwickel kochen
zum Totengedenken

VII

Herr Nationalpreis aus Bukarest/ vorm Wochenendhaus auf dem Rasen/ sein Schopf schlohweiß/ als sei es ein schwulstiger Wiesenstrauß/ handtellergroße Ohren/ doppelter Klatschmohn mit Kapselfrucht:/ seine akustische Hilfe// es ist ja der Dichter/ der Musen und Menschen bespitzelte/ an Heizungsrohren horchte/ Abfallschluckern und Klomuscheln/ oder in Kehlknorpeln hockte/ von Freund und Feind/ kein Sterbenswort/ das er nicht meldete/ der am Parteipansen lauschte/ um auf Nummer Sicher zu gehen/ was grad gluckert und gluckst/ es ist ja der Staatsdichter Dreivierteltaub// achtzig Jahr auf dem Puckel/ das Akademiemitglied/ das seinen Herrscher in Hymnen verherrlichte/ Seinerzeit/ kann sie der Greis nicht vergessen?/ im Liegestuhl/ brabbelt er seine Verse/ beim Nachmittagsschlummer mechanisch://

O du Massiv der Karpaten/ du Schlager aller Berge/ du Gipfel aller Schlager/ du Sonne aller Gipfel/ du Gipfel aller Sonnen/ o du Berg und Tal alle Schluchten Weiden Wasser Ziegen Hirten/ alle Schatten Geister Gnome Geißen Gimpel/ o du Krone des dialektischen Materialismus/ o du wissenschaftlich erwiesene Kulmination/ o du Kulminationspunkt des Volkes/ o du Kulminationspunkt der Menschheit/ o du Kulminationspunkt an sich/ o du Sternstunde aller Schuster/ o du alle Schuhe der Nation reparierender Schuster/ o du alle Schuhe unserer Brudernationen flickender Schuster/ o du alle Quanten der Welt mit Latschen versorgender Inbegriff eines

Oberschusters/ nein mit Holzpantinen/ nein mit Mokassins/
o du Zenit/ o du Spitze/ du Paradenummer/ du Zugpferd/
du historische Meisterleistung/ o du o du du du o o … //

VIII

Die vor Wind und Hitze taumelnde
gelbe Halde: Landschaft mit Leberschaden

Speckiger Hut eines Bauern
kegelt im Staub: dieses
Filzdach nackter Einfalt

Im Wald wo er unwegsam ist
Meister Petz der den Flinten
entkam von Diktator und reichem
britischen deutschen helvetischen Waidmann
alle fallen ins Land ein um Beute zu machen:
Eigensinn Lebenskraft und dickes Fell

Am Stausee der Angler
der nichts anderes kennt und begehrt als
Sitzfleisch und Engelsgeduld

In der Abendluft
Fledermausschatten: es flattert
der Aberglaube von Dach zu Dach

Meine Vorfahren deutsche
Besatzer im ersten Krieg
errichteten ein Viadukt
von einer zur anderen Seite
der Schlucht: Masse und Ernst
auf der Wertarbeit kriecht ein

Pferd aus Eisen Reisende lehnen
sich ins Freie und schwenken
den Hut vor Lebensfreude

In der Nacht nur: Grillen
und marmelndes Wasser
das tief aus der Erde ins Becken fließt
der Ziertabak duftet ums Haus
seine Sterne die weiß irisieren im Dunkeln
als sei es: der Himmel auf Erden

IX

Wenn der Hirsch in den Fluß
pinkelt endet der Sommer
noch ernten wir: junge Kartoffeln und Zwiebeln
im Sonnenschein Beeren: rotglimmende
Ampeln der Apfel nicht reif: noch ist Zeit
um zu bleiben der Eichkater weiß es
es fehlt keine Nuß am Baum
das Kreuz auf dem Grab meiner
Schwiegerfamilie das schwere verwitterte
halb in der Erde versunkene Kreuz
will nicht umfallen: noch ist Zeit
noch ist Zeit bis wir vor
einem Schlagbaum stehen: unversehens
mitten im Garten wer zog
diese Grenze als teile ein Faden
den Fladen aus Maisbrei – und der
Schlagbaum geht hoch und wir
wechseln das Land

Kneipenlegenden um die im Ausland lebenden Dorfbewohner

Ionica stiehlt Mofas und Roller im Palermitanischen
Bubi sein Bruder der macht sich als Kellner beliebt
diese Bestie Vlad streckt sich faul in der Sonne der spanischen
– wer ist der Mitmensch der mir eine Runde ausgibt?

mit Mafiasegen Ionica sonst wird er ja lebend begraben
und nachts auf entlegener Baustelle einzementiert
was sie an den Zigeunern die Autos aufbrachen vollstreckt haben
– wo ist der Gute der mir einen Pflaumenschnaps spendiert?

Bubi ich sage euch mit seiner Schmalztolle schleicht der
sich in Touristinnenherzen die lassen als Taschengeld springen
Kreditkarten Halsketten Uhren selbst knickrige Deutsche erweicht er
bis sie um Mitternacht in seinen Armen den Vollmond ansingen

wie man Frauen linkt hat Vlad dieser Mistkerl bereits in der Wiege kapiert
der macht keinen Finger krumm außer wenn er seinen Huren
jungen Dingern aus unserer Gegend den Zahnschmelz poliert
falls sie es wagen nicht hundertprozentig zu spuren

zeit seines Lebens Ionica verwickelt in scheußliche Dinge
falsche Weiber und Schutzgeldgeschichten der hat keinen Riecher wer weiß
bald brennen Mofas und Umspritzgarage es legt eine Schlinge
sich um seinen Hals und Ionicaleins Schuhspitzen schlingern im Kreis

Bubi ist eine andere Marke der heuert auf Kreuzschiffen an
schlawinert sich rund um den Globus steigt auf als Tevauunterhalter
in Rio wo er sich ein Sportflugzeug leisten und Koks schniefen kann
– ich selber bin blank wie ein Kiesel willst du mir kein Geld leihen Alter?

Vlad bringt es vom schmierigen Luden zum Gauner von Klasse
schmuggelt Drogen und Waffen sein Schwarzgeld steckt er in Hotels auf Mallorca
bis er bei einer Razzia hops geht im Zuchthaus bald wieder bei Kasse
hat er Frauen X-Handys raucht Kentzigaretten von wegen Mahorka

ich selber von Mailand bis Hamburg ich legte mich krumm auf dem Bau
erntete Erdbeeren malochte auf Rinderzuchtfarmen
und als ich heimkomme schwiemelt der Dorfpope bei meiner Frau
im Alkoven als seien sie ein Tier mit vier Beinen und Armen

Gott hat nur ich sage euch mit Seinesgleichen Erbarmen

Peterwardein

(ein Dichtertreffen in Novi Sad)

I

Zur Feste hoch wo sich die Donau drall
am Fuß des Berges rekelt: Peterwardein
zehntausend Schießscharten blinzeln uns zu

ob das Prinz Eugen ist mit seinen Haufen
den kaiserlichen die Musketen spannen
und mit Kanonenrohren auf Spatzen zielen

im Flachland wo sie Muselmanen trafen? –
der Dichtertrupp aus allen Himmelsecken
Europas schleppt sich bartgrau halbverschlafen

zum Tor dem zahnlosen das uns verschluckt:
den jungen Russen in seinem Putin-Shirt
die Dichterin aus Varna byzantinisch

glockenreine golddurchwirkte Seele
den Rumpeliren mit der Feuerkehle
halb working class- halb keltischer blackbird

zwei Entenleberliebhaber beim Spielen
mit neosurrealem Metaphernschwall
vom Seineufer und ein Hippieungar

sein vormals frei zur Schulter wallendes Haar
voll war es blond kann nur noch Mitleid wecken
(aus grenzenlosem Luft- und Liebestagtraum

erwachte er vor Stacheldraht und Schlagbaum) –
ach unsere Schar die große Worte spuckt
wieder im Freien blind vor Sonnenschein

wenn sie vom Wehrgang auf Pannonien kuckt
das sind nicht Prinz Eugens mannhafte Mannen
versessen sich mit Sultans Heer zu raufen

das sinkt zu Speis und Trank im Sonnenschirmschatten
Terrassenpanorama: Donauschlaufen
mehr Wein- als Kampfgeist in den Kasematten

das Abendland? – wir werden es nicht retten
es ixt sich aus mit kapitalen Tricks
medialem Tinnef nationalem Schmu

und frißt sich tot an Treibstoff und Tabletten
seine Gewissensheucheleien: klinisch –
nein unser Trupp schreibt Verse auf Servietten

der Russe mit dem Putin-Konterfei
singt Patriotisches von Peterwardein
die golddurchwirkte Seele stimmt lala ein

dem Hippieungar steht ein Pfeifchen frei
wir anderen schwelgen bis der Nachtwind weht
von Westen wo er feurig untergeht

II

Wir lesen auf dem Square von Novi Sad
bei Vollmond der Barock und Block bescheint
Mitteleuropa: Monarchie mit Marschall

Tito heute: Hungerleiderratzen
in dieser freien kaiserlichen Stadt
die aus der Ferne widerhallt vom Knall

wenn neben Kinderkrippen Bomben platzen
Ana war elf als sie in Kellern fror
bei NATO-Angriffen um auszubaden

was Belgrads Gangsterchef Milošević
verbrach mit seinem Amselfeldschlachtkitsch
aus Christenbollwerk- und Volksreinheitswahn

Ana: begabt besonnen klug patent
Europas guter Geist – wo blieb er wach?
in diesem Winkel am vergessenen Rand

vertrauter nur als Ziel vorm Zielfernrohr
im Kriegs-TV – sie leiht mir Serbiens Ohr
und Zunge wir spaziern zum Monument

am Fluß der Juden und Zigeuner fraß
als man sie in ein Loch im Flußeis stieß
Serbenfamilien starben Hand in Hand

im Januar Zweiundvierzig ohne Gnade:
vergangenheitsverstrickter Kontinent
der sich mit Ach und Krach zusammenrauft

als kleinkarierter Koofmich in Verschiss
bei seinen Kunden – wer ists der uns eint?
ein Dichtervolkstribun mit Hymnenmix?

schmalz-schmissig-supersupranational?
im Fickfackfake-Zeitalter wird das nix:
Schwarmgeisterpoesien sentimental

mausgrau – maustot … Balkonaussichten: Balkan
bei Turska kava und Vasina torta
ob uns bevorsteht was in Ana weint?

Alarmsirenen wenn der Abend naht?
Europa sich zerfleischt mit Haut und Haar?
und es wird sein was war in Novi Sad?

IV

Der du gewesen sein wirst

Wovon man sich in seinem Leben trennt

Kirschlutschern Zuckerwatte Brausestangen
Kohlenheizungsbuden und Indianerspiel

vom Pfeifenduft in Wohnzimmergardinen
den Schrebergartensonntagsbummeleien

von Kindheitsheimweh- und Geborgenheit
Raumschifforion Bluna Tintenklecksen

Großmutters Quark mit Dosenmandarinen
von Baumhaus Schnitzeljagden Schiss vor Schlangen

Autoquartett im Schulbus Eis am Stiel
erstem Begehren schwulstig und erhitzt

Schulnoten Klassenarbeitsschummeleien
verpatztem Zungenkuß und Toast Hawai

heimlichem Rauchen Pickeln Bartkomplexen
der Jugend die nur ein Versehen war

Semesterzeit WG-Haushalt sturmfreien
Betten neuen Flammen futschen Exen

Kaffee- und Schreibmaschinen Taucherflossen
Vorlieben Feuerzeugen Sonnenbrillen

Gelegenheiten leichtfertig verschwitzt
der Sicherheit zu sein von Haut und Haar

dem Rucksack schwer bepackt mit Reisezielen
der kleiner werdenden Vergangenheit

Triebfedern und Ideen erheblichen
von Sehnsucht nichts als Sehnsucht kreuz und quer

der Federwolkenleichtigkeit am Meer
Sesselbezug und Lebensglanz verschossen

von Frische Tiefschlaf Faltenlosigkeit
der leserlichen Handschrift Schwalbenhimmeln

nahen Gesichtern und vertrauten Stimmen
Adressen Namen Postkarten verblichen

Einbildungen mit verstrichener Ablauffrist
Erinnerungen an das was man vermißt

Vom Haustier

Sein Fell es knistert wie von Strom umspielt
der in sich kreist und erst ins Freie bricht
wenn du es anfasst unvermittelt zielt
er dir ins Herz in das er Narben sticht

du bist sein Herr – das bildest du dir ein
wenn es aus freiem Willen bei dir wohnt
sich dankbar an dir reibt als sei es dein
und lautlos deine Anmaßung belohnt

wer sich in diesen Augen spiegelt das
warst du die Bestie von Blut berauscht
vor Menschenaltern heute zahm und blass
hast du den Wildbahntrieb mit Geldinstinkt vertauscht

du bist das Haustier – und das Wesen zierlich
es ruht in sich halb welt- halb selbstvergessen
es meditiert es jagt lustvoll begierig
braucht nichts zum Dasein außer Schlaf und Fressen

ach neidisch bist du wenn es Zeit verschwendet
als sei sie kostenlos auf diese Art
mit der es deine Liebe an sich bindet
die es mit nichts begleicht als Gegenwart

Winterdienst

Um halb acht kratzen Schaufeln
in meinen Schlaf:
Herr Heimatverein steckt im Schnee fest
oder sind es von Dach zu Dach
schippende Wirtsleute
bis sich Sonnenstrahlen zeigen um neun
aus Hecken und Strauch
wachsen Postkarten weiß
und zum Gruß schwenkt man Schneehauben
in diesen Breiten
des ewig bereiten Lawinenhunds
der um meine Beine strich
witternd und winselnd
als wolle er eine
begrabene Seele befreien

Sommerpolizei

Der seine blauen
Handschuh umkrempelnde Tag
und Blutflecke kommen zum Vorschein

Schweizer Raddampfer

Ewig als Passagierdampfer dienen
zwischen Gipfeln mit Geißbart
und fetteren Kuhfladen
kreisenden kreisenden Alpengeiern

in Anzug und Schlips
der im Hirtinnenmieder versinkenden Sonne
Schokoladenfabriken
entweichender Nacht

ewig als Passagierdampfer dienen
und Promenaden zuwinken
die man scheitelrecht legte
mit Schere und Kamm

dieses Schmelzwasser schmeckt mir nicht mehr
diese Badewanne der Berge
wo ich von Postbus- zu Postbusstation
meine Beamtenbahn ziehe

ins salzige Meer will ich tauchen
gegen Wellen anstampfen
und mit einem Schwertfisch
Scheiben schneiden vom rauchigen Mond

Winterende

Faustdicke Winterrelikte
es winkt mir mein Handschuh vom Pfahl
Schmelzwasser schießen zu Tal

wer nicht an sich erstickte
dem bleibt eine Frist

hupender Postbus am First
pack deine Sachen spring auf der du bist
ist der du gewesen sein wirst

Erste Liebe

Vor mir ein junges Paar Luftspiegelung
im Freibad als sei ich das: wieder jung
Geruch von Sommererde Backfischschweiß
Niveakreme im leeren Mittagsweiß
ist sie das meine erste Leidenschaft
vertieft zwei halbe Kinder fieberhaft
in scheibchenweiser Hauteroberung
ist sie das wieder diese scheue Kraft
die sich in der Verliebtheit selbst bejaht
mein Jungsgesicht unreif und unbehaart
ist das nicht der ich vor Minuten war
vor einer Stunde einem Vierteljahr –
als mich das Paar bemerkt und nicht erkennt
zerreißt mich was uns voneinander trennt

Von Nacht zu Nacht

Wir waren Kinder mit Papierlaternen
zerbrechlich und beklommen in der Nacht
der unheimlichen die uns weinen machte
und sangen – vorsichtshalber – zu den Sternen

Lampen an Seilen Aufsatz- Peitschenmasten
in Reih und Glied schien eine an der andern
uns ins Erwachsensein als ob sie wandern
um sich mit uns von Nacht zu Nacht zu tasten

sie strahlen Teer und Gehwegplatten an
verscheuchen streng was um uns finster war
und in uns dieses nie berechenbare
Kindergrauen aufbrechen lassen kann

es sind Laternen die summend Posten stehen
und uns mit Schatten Schritt auf Tritt begleiten
der Schwarze Mann aus Vor- und Fabelzeiten
huscht harmlos mit wenn wir nach Hause gehen

Laternen leuchten uns zu Kneipenbier
Bankautomaten Fitnesscenter Parkplatz
nur ausnahmsweise ahnen wir bei Hast
und Hatz: am Ende sind sie aus Papier

Dichters WG-Kladderadatsch

(Cranachstraße, Ende Achtzigerjahre)

I

Berlin im tiefen Westen: Friedenau
bei Kalten Kriegers kaltem Kaffeeklatsch

halb Altersheim aus Sauregurkenscharm
halb Billigsektboheme wo wir selbdritt

als junge Dichter miteinander hausten
nebst zweier Katzen die vom Teppich fraßen:

Dosensardinen unserm Referendar
sei Dank in Haushaltsdingen eine Sau

Typ: Waldschrat der sich selbst im Wege war
bei Nacht und Nebel Chemikalien mengte

die er im Badeabflussrohr versenkte –
die zweite im WG-Kladderadatsch:

Berliner Schnauze Freundlichkeit in Maßen
Kiezpflanze Schuh- und Riemenfetischistin

rechthaberische Amerikanistin
Satzdrechslerin Spottdrossel Brillenschlange

die beides war: kurzsichtig undurchsichtig
(vor dem war blassen Dichterlingen bange)

der dritte: ich – vertrieb mir meine Zeit
in bundesdeutscher Ahnungslosigkeit

im Wolkenkuckucksheim beim Wolkenschieben
trotz kohleschwadenschwangerem Inselklima

samt Frittenfett- und Zweitaktergestank
wischte ich meinen Dichterhimmel blank

und baute mir ein Luftreich Schwung und Schwarm
bereit mich alle Tage zu verlieben –

wenn wir in unserer Stinkebude schmausten
(beim aufblasbaren Plastikdinosaurier

an seiner Schnur – im Abwasch schauriger
krabbelten Kakerlaken schiech und schierer)

waren wir mit der Weltseele intimer
vor besserwisserischer Ironie

Wortklaubereien scharfsinnigem Chichi
und spreizten unser selbstverliebtes Ich

(was streng schien war nur meck- und mickerig) –
das langweilte uns bald auf Essensresten

knisterte Schimmel irisierend blau
chemiezerfressene Rohre leck und lahm

bis es im Dichterheim zum Dammbruch kam:
und alles wegschwamm – Schuhe Riemen Schnallen

Verlags- und Mietvertrag Dosensardinen
Katzenneurosen die sich in Gardinen

patschnass mit Schwemmgut aller Art verkrallen:
es treiben Bodensatz und Dichterzeilen

Kollege Scheelsuchts falsche Schmeichelei
bei dieser Suppe die aus Waldschrats Bart troff

in der unsere Dreierbude absoff
wenn Leidenschaften mit dem Sud enteilen –

hockst du am Schluß: auf einer Schweinerei

II

Das war in Friedenau im freien Westen
ach unsere Brillenschlange undurchsichtig

erfinderisch im alle Welt Austricksen
und pfiffig Schwarz-auf-Weißes-U-Aus-Xen

das machte sie uns vor beim Verseschreiben
(mit Rot- und Kauderwelsch): Verstellung treiben

was tippte sie bei Nacht auf der Maschine
buchstabengrau auf grauem Ostpapier

freiwillig spitzel- und verleumdungspflichtig
von Kalten Kriegers kaltem Kaffeeklatsch

gegen den Klassenfeind in Friedenau
aus unserem WG-Kladderadatsch –

dem Dienst mit Weltbewegendem zu dienen
(und Ostmarkanerkennung zu kassieren)

Operation: Geheimcode oder Quatsch
es sollte den Genossen Offizier

mit dem sie heimlichtat bald seinen Posten
samt Apparat und morschen Osten kosten

sie die sich schleunigst in ein Mauseloch
ich weiß nicht wo am Spreekanal verkroch

aus Scham und Reue nicht: vor Selbstmitleid
vergessen und verlassen mit der Zeit

III

Vorm Eck wo wir im tiefen Friedenau
als junge Dichter miteinander hausten

Erinnerung verblasst halb mau halb flau
es bleibt nichts mehr als sich im Mittagsgrau

vom Fleck weg in der Ferne zu verlieren

Falsche Moral

(dem verrufenen B.B.)

Von diesem Leben ließ er sich nicht lumpen
und rauchte seinen Tabak bis zum Stumpen

es bleibt halt wahr man kratzt an der Kultur
und findet wieder: gierige Natur

und was am Schluß von einer Lippe sinkt
das ist ein kalter Rest der stinkt

Paar von Putten mit Sanduhr und erstickter Fackel im Garten einer Fabrikantenvilla bei Liège kurz vor Ausbruch des 1. Weltkriegs

(Figuren in Terrakotta, Mathieu de Tombay, 1837)

Sie ahnen: was vertraut war es wird sterben –
an diesem Gartentag mit Sommersprossen
bei Tonleitern die aus der Villa dringen –
der Ruß wird sich auf alle Dinge legen
als Trauerschleier keine Stille mehr
aus Tierstimmen und Wind es gellen Pfiffe
wenn Dampflokomotiven kreuz und quer
Kohlen oder Korn zum Binnenhafen bringen
das Zeitalter in dem sie heimisch waren
sie ahnen es: wird bald zu Ende sein
als es im Himmel wimmelte von Scharen
Engeln die mit Liebespfeilen schossen
oder sie schwirrten um den Gottesthron
zum Fiedelfiedeln tanzten Ringelreihen
auf Blumenwiesen faulenzten auf Kissen
aus Wolken Nackedeis mit Kinderspeck
nur Daseinslust- und Freude kick und keck
ach diese Heiterkeit es schwant den zweien
bald wird man sie von Land zu Land vermissen
der Himmel: schlagartig wird er sich leeren
wenn erst Gewehrsalven das Erdreich fegen
Soldaten rennen in ein Minenfeld
Artilleriebeschuss und Gasangriffe –
im Laubengang verhallt der letzte Ton

hart als das Spiel abbricht – die zwei aus Scherben
verronnener Sand erloschene Fackel wissen:
unmerklich wird der Kummer sie verzehren
sie sind nicht mehr
nicht mehr von dieser Welt

Dem toten Kind in einer Oktobernacht

In dieser Nacht als du zur Welt kamst Kind
verirrtes Lebewesen ohne Leben
aus warmem Mutterleib du selber kalt
ein Kind das nie erfuhr was Sterne sind
die teilnahmslos in schwarzer Tiefe schweben
in dieser Nacht ein Totenampelwald

es war ein Schmerz der sich in uns verkrallte
und an den Irrsinn streifend mit sich riß
im Haus in dem dein Schweigen widerhallte
wir haben deine Stimme nie vernommen
und durften nicht erfahren wer du bist
und sein wirst dieses von der Finsternis
verschlungene Leben Tag um Tag benommen
sind wir an es erinnert das nicht ist

in dieser Nacht als du zur Welt kamst Kind
grausamer war der Himmel nie erhaben
der sich im Eisen drehte stumm und blind
im Garten nah beim Haus bist zu begraben

Was auf uns folgt

Was auf uns folgt: des Kaisers neueste Nacktheit
(entscheidend ist allein der Markenname)
zehn Plagen dienen als Konjunkturprogramme

der Forschung in der Pharmaindustrie
verhilft zum Aufschwung (und zu vollen Kassen)
eine weltweite Zoonose-Pandemie

Heuschrecken werden zur willkommenen Mahlzeit
wer sonst an Hungerleiderrenten nagt
kann nicht kalorischer und eiweißreicher prassen

von einer kommenden Sintflut nicht zu reden
statt Noahs Arche: Nasas Raumschifffahrt
wird auf Erfolgskurs in den Himmel steuern

Revolutionen als Marketingevent
um volle Arsenale zu verfeuern
und als Gewinn in der Bilanz zu stehen

man setzt den Banken einen neuen Stent
im Harmoniezeitalter Posttektonisch
Gewissenschip der Haut implementiert

der Menschheitsfortschritt: mikroelektronisch
von Kindesbeinen an ein Live-Stream-Leben
und Jedermann ein hipper Instantstar

mit Quark und Quarks Bildschirm und Brille klar
alle Betriebssysteme laufen wie geschmiert
unsere Vorzeit eher vergessen als vergeben

es stimmt wer uns beerbt der ist verratzt
was auf uns folgt das haben wir verpatzt
und unsere Flaschenpost kann keiner lesen

die wird zur Stillen Post in Dechiffriermaschinen
ein Kauderwelsch aus Theorien und Terzinen
und wir: vergangen als seien wir nie gewesen

Inhalt

I Heimatkunde

II Zipfel Massel: Déjà vu

III Achtung Ferrari Achtung Pferdekarren

IV Der du gewesen sein wirst

www.wunderhorn.de